Spetter

Een gil uit de tent

Vivian den Hollander
tekeningen van Gertie Jaquet

Het is drie uur.
De school gaat uit.
Rik loopt met Els naar huis.
'Wat gaan we doen?' zegt Els.
'Speel ik bij jou of jij bij mij?'
'Kom maar bij mij,' zegt Rik.
'Dan kun je mijn tent zien.'

Daar is het huis van Rik al.
Rik rent naar de schuur.
Hij haalt er een zak uit.
'Pff, die is zwaar!' puft hij.
Hij legt de zak in het gras.
'Zit daar je tent in?' zegt Els.
'Ja,' zegt Rik.
Hij kiept de zak om.
Dan haalt hij er een stok uit.
'Help je mee, Els?
Ik zet mijn tent op.'

De tent is klaar.
Paars met blauw is hij.
Rik zet hem vast met een lijn.
'Gaaf is die tent, zeg!' roept Els.
Ze duikt er in.
Rik komt er ook bij.
Hij maakt de rits vast.
'Leuk!' zegt Els.
'Nu lijkt de tent wel ons huis.'

Daar is Jet.
Zij past op Rik.
Ze heeft een zak fruit.
'Hier Rik, fruit voor in de tent.
Lust je dat?'
'Mmmm!' roept Rik.
Hij pakt de zak met fruit.
Hij haalt er drie keer iets uit:
een pruim, een peer en een druif.
Hap! Weg.
'Hee,' zegt Jet.
'Zo snel hoeft dat niet!
Geef Els ook eens wat.'

Els pakt een druif.
Niet één, maar vier.
Die stopt ze in haar mond.
Hap! Weg.
'Ik vind de tent leuk,' zegt Els.

'Dat vind ik ook,' zegt Jet.
'Weet je wat?
Blijf maar fijn hier.
Dan bak ik friet.
Friet voor in de tent.'
'Ja!' zegt Rik.
'Dat is een goed plan!'

Els belt naar huis.
'Dag mam,' zegt ze.
'Ik kom niet naar huis.
Ik blijf bij Rik in de tent.
En Jet bakt friet voor ons.'
'Dat is goed,' zegt de mam van Els.
'Ik haal je wel om zes uur op.
Eet fijn!'

Rik haalt een mat en een lamp.
En ook een kleed.
Het is knus in de tent.
'Ik krijg slaap,' zegt Els.
Ze trekt het kleed om zich heen.

Rik pakt zijn lamp.
Hij schijnt op de tent.
'Kijk,' zegt hij.
'Ik maak een hert met mijn hand.
En dit is een hond.'
De hand van Rik gaat op en neer.

'Wat een leuk spel,' zegt Els.
'Kun je ook een draak?'
'Een draak?' zegt Rik.
Hij kijkt naar zijn hand.
Een draak heeft een kop.
En een bek met vuur.
Kan dat wel met één hand?
'Nee,' zegt hij dan.
'Een draak lukt niet.
Daar is mijn hand te klein voor.
Maar ik kan wel een...'

Rik doet snel een lap om zijn hoofd.
Er zit een gat in.
Net bij zijn oog.
'Hoe, hoe!' roept hij.
'Pas op!
Hier komt spook Rik!'
Els geeft een gil.
Ze duikt weg in het kleed.
'Hoe, hoe!' roept Rik nog een keer.
Hij schijnt met de lamp op Els.

'Stop, Rik,' zegt Els boos.
'Ik vind het niet leuk.
Weg met dat spook!
En doe die lamp uit.
Je schijnt in mijn oog.

Els geeft Rik een zet.
Hij maakt een smak.
'Au!' roept Rik.
'Au, Els!
Je doet me zeer.'
Zijn lap valt af.
Nu is Rik geen spook meer.

Plof!
Er valt iets op de tent.
Het doek gaat op en neer.
Els hoort het ook.
Ze veert op en kijkt rond.
'Wat was dat?'
'Dat was het spook weer,' zegt Rik.
'Het helpt mij, zie je wel!'

'Nee Rik, nee!
Jaag dat spook weg.'
Els doet het kleed om haar hoofd.
Ze wil niets meer zien.

'Kom, Els,' zegt Rik.
'Ik plaag je maar.
Er is geen spook.'
Hij doet de rits los en tuurt rond.
Wat viel er op zijn tent?

Rik ziet een kip.
Ze zit op de punt van de tent.
Rik kent de kip wel.
'Oh, Els, kom gauw,' zegt hij.
'Hier zit Veer, de kip van Tijs.
Tijs van hier naast.'

Els komt de tent uit.
'Is er geen spook?'
Dan ziet ze Veer.
'Wat een schat van een kip,' zegt ze.
'Poe-le-poe-le-poel.
Kom dan, Veer.
Kom op mijn arm!'

Veer wil niet op de arm van Els.
Ze wipt de tent af.
Op het gras hipt ze heen en weer.
Rik rent haar na.
'Help mee, Els,' roept hij.
'Pak Veer.
Dat beest moet snel haar hok weer in.
Tijs wil haar vast niet kwijt.'

Maar Veer is slim, en snel!

Veer hipt op.
En duikt weer neer.
Ze vindt het leuk in de tuin.
'Poe-le-poe-le-poel,' roept Els weer.
'Toe kip, kom bij me.'
Maar Veer komt niet.

Dan neemt Rik een duik.
'Hier kip, nu pak ik je.'
Mis!
Met een plof valt Rik op zijn buik.
En Veer rent weg.
'Rot kip!' gilt Rik kwaad.

'Kijk, kijk,' sist Els dan.
Ze wijst naar de kip.
Doet Veer wat Els hoopt?
Ja, ze hipt de tent in.
'Goed zo, kip!' roept Els.
'Braaf beest.'
Ze rent naar de tent.
Nu de rits nog...
'Zo, die kan niet meer weg,' zegt Els.

Daar komt Tijs aan.
Hij heeft een hark in zijn hand.
Hij kijkt in het rond.

'Zoek je iets?' vraagt Rik.
'Ja,' zegt Tijs.
'Mijn kip is weg.
Haar hok is leeg.
Weet jij waar ze kan zijn?'
'Kom maar mee,' zegt Rik.
Hij loopt naar zijn tent.
Hij doet de rits op een kier.
'Vlug,' sist hij, 'pak Veer.'

Tijs weet niet wat hij ziet.
Daar zit Veer, op het kleed.
Tijs tilt snel zijn kip op.
'Tok, tok-ke-tok,' roept Veer kwaad.
Maar Tijs heeft haar goed vast.
'Dag Rik, dag Els,' zegt hij.
En vlug loopt hij naar het hok.

Daar is Jet.
'Wie wil er friet?' zegt ze.
'De pan staat al aan.'
'Ik!' zegt Els.
'Ik ook,' roept Rik.
'Ik wil veel friet.
Friet met saus.'
'Kruip maar vast in de tent,' zegt Jet.
'Dan krijg je zo een bord.'

Els duikt de tent in.
'Mmm, ik krijg trek,' zegt ze.
'Kom maar op met die friet.'
Ze ploft op het kleed.
Maar dan...

'Bah!' gilt Els.
'Wat is dat voor vies?'
Ze schiet de tent uit.
Ze voelt aan haar broek.
'Bah!' gilt ze nog een keer.
Ze kijkt naar haar hand.
Er zit geel slijm aan.

Rik kijkt naar de broek van Els.
'Ik snap al wat het is,' zegt hij.
'Er lag een ei in de tent.

Een ei van kip Veer.
En jij zat er op!
Wat een mop!'

Els kijkt boos.
'Ik vind het niet leuk,' zegt ze.
'Mijn broek is vies.
Dat voelt niks fijn.
Wil jij ook wat geel van het ei?'
'Nee, nee,' roept Rik.
Hij rent snel weg.

Jet hoort wat er aan de hand is.
'Kom maar mee, Els,' zegt ze.
'Ik pak wel een broek van Rik.
Die past jou ook wel.'

Daar staat Els.
Ze ziet er stoer uit.
'Hoe vind je mijn broek, Rik?'
'Gaaf!' roept hij.
Els zet haar hand in haar zij.
'Ik wil die broek ook.
Ik vind hem tof!'

Jet knikt.
'Die broek staat je goed.
Wil je er nog een riem om?
Dan zakt hij niet af.'
'Nee,' zegt Els.
'Een riem hoeft niet.
Ik eet veel friet met saus.
Dan wordt mijn buik wel dik!'

'Wil je er soms een ei bij?' zegt Jet.
'Ik krijg er veel van Tijs.'
'Nee,' gilt Els.
'Geen ei.
Ik kan geen ei meer zien!'

Vul maar in

Het ei is van ....
Ze legt er meer en meer.

Het fruit is voor ....
Zo wordt hij niet dik.

.... zit op een ei.
Ze kijkt niet blij.

.... bakt friet.
Lust jij dat niet?

Hier staat dol en fijn.
Welk beest zou dat zijn?

Spetter 3

Serie 1, na 4 maanden leesonderwijs, sluit aan bij *Veilig leren lezen* kern 7.
Serie 2, na 5 maanden leesonderwijs, sluit aan bij *Veilig leren lezen* kern 8.
Serie 3, na 6 maanden leesonderwijs, sluit aan bij *Veilig leren lezen* kern 9.
Serie 4, na 7 maanden leesonderwijs, sluit aan bij *Veilig leren lezen* kern 10.
Serie 5, na 8 maanden leesonderwijs, sluit aan bij *Veilig leren lezen* kern 11.
Serie 6, na 9 maanden leesonderwijs, sluit aan bij *Veilig leren lezen* kern 12.

In serie 1 zijn verschenen:
Lieneke Dijkzeul: naar zee, naar zee!
Bies van Ede: net niet nat
Vivian den Hollander: die zit!
Rindert Kromhout: een dief in huis
Elle van Lieshout en Erik van Os: dag schat
Koos Meinderts: man lief en heer loos
Anke de Vries: jaap is een aap
Truus van de Waarsenburg: weer te laat?

In serie 2 zijn verschenen:
Marianne Busser en Ron Schröder: Een spin voor juf
Wim Hofman: Aap en Beer gaan op reis
Vivian den Hollander: Een gil uit de tent
Rindert Kromhout: Weer en wind
Ben Kuipers: Lam is weg
Paul van Loon: Pas op voor een pad!
Anke de Vries: Jet met de pet
Jaap de Vries: Een kip voor Toos

In serie 3 zijn verschenen:
Lieneke Dijkzeul: Je bent een koukleum!
Lian de Kat: Stijntje Stoer
Wouter Klootwijk: Lies op de pont
Rindert Kromhout: Feest!
Ben Kuipers: Wat fijn dat hij er is
Paul van Loon: Ik ben net als jij
Hans Tellin: Mauw mag niet mee
Anke de Vries: Juf is een spook

Spetter is er ook voor kinderen van 7 en 8 jaar.

STICHTING NEDERLANDSE
KINDERJURY
2001

avi 2

Boeken met dit vignet zijn op niveaubepaling geregistreerd en gecontroleerd door KPC Onderwijs Adviseurs te 's-Hertogenbosch.

5 6 7 8 / 09 08 07 06

ISBN 90.276.4487.x • NUGI **260**/220

Vormgeving: Rob Galema (studio Zwijsen)
Logo Spetter en schutbladen: Joyce van Oorschot

© 2000 Tekst: Vivian den Hollander
Illustraties: Gertie Jaquet
Uitgeverij Zwijsen Algemeen B.V. Tilburg

Voor België:
Uitgeverij Infoboek N.V. Meerhout
D/2000/1919/101